LA LOI

DES CIRCONSTANCES.

Il y a des époques où tout un ancien ordre légal se disloque, chancelle et s'écroule : dans ces grandes crises, on repasse sous l'empire de l'ordre légitime seul.... s'il s'établit une force prépondérante qui cherche à se légitimer par le respect des droits de tous, toutes les forces individuelles doivent se grouper autour d'elle. (L'*Avenir*, 20 octobre.)

PARIS,

A. PIHAN DELAFOREST,

Imprimeur de la Cour de Cassation,

RUE DES NOYERS Nᵒ 37.

1830.

Le principe de dissolution est essentiel : la révolution en fut le premier symptôme : la crise n'a été interrompue que par l'effet de sa violence même.

La restauration bien entendue aurait porté du calme, aurait offert une pause ; et mal menée, tour à tour poussée de droite et de gauche, elle a agité, irrité.

A cette heure, la résistance, et, par conséquent, la violence devant être moins intenses, une nouvelle crise amènerait le terme fatal.

Nulle puissance humaine n'est capable de faire rebrousser le cours des choses.

Un jour ou l'autre, l'ordre social sera bouleversé de fond en comble ; l'Europe passera sous le coup des vicissitudes subies par l'Amérique.

Ce n'est qu'après une période prolongée que ces contrées épuisées, harassées, parviendront à un nouvel ordre d'organisation.

Or, il n'y a moyen que d'adoucir quelque peu le passage, que d'ajourner, peut-être, l'époque de la rénovation politique.

Et l'on conçoit que le mode approprié ne réside pas dans l'emploi de la force, qui tient si peu sous la main ; mais dans l'usage des voies conciliatrices qui rallient les esprits.

Il faut détacher de la masse insurgée, tels et tels fragmens les moins réfractaires ; d'où son poids sera diminué.

Il faut se rapprocher d'un pas lent et libre en apparence, du siège de la masse, dont le choc deviendra moins impétueux.

(Du Dénouement de la crise, décembre 1829.)

Le dogme est absolu : le dogme seul est absolu :

Aussi, le mot de dogme n'est applicable qu'aux vérités révélées.

Mais l'idée de l'homme a une tendance à s'élever, à s'exalter, à se dépasser elle-même.

Et, de plus, l'idée est à la merci des intérêts.

De là, la légitimité des rois, la souveraineté du peuple, se sont installées à titre de dogmes.

Sous ce faux signe, sans être douées de l'inviolabilité de fait, elles ont prétendu à l'inviolabilité de droit.

Leurs sectateurs respectifs s'en font une religion, vouant un culte à l'idole, et dévouant les mécréans à l'anathème.

Ils se tiennent prêts à devenir, suivant le cas, ou martyrs, ou bourreaux, pour leur sainte cause.

Cependant le destin inappris de l'un et de l'autre de ces dogmes, ne laisse pas assez souvent de les mettre à néant.

A son ordre, le droit s'évanouit devant le fait.

Et tant de leçons n'instruisent ni d'un bord, ni de l'autre, n'enseignent pas que ces dogmes sont d'invention humaine.

On doit le dire : l'invention est précieuse, en ce qu'elle oppose des barrières au génie des révolutions.

L'invention est à défendre , tant qu'il reste des forces.

Seulement , si les forces sont consumées, si les remparts sont abattus, la scène change.

Alors apparaît la vanité des prétendus dogmes : alors parle la vérité éternelle des choses.

Il n'existe qu'un principe absolu , permanent, universel, le principe de la nécessité, autrement de la puissance du fait.

Le principe est immuable, bien que les conséquences soient infiniment variables.

L'ascendant appartient au principe, bien que le hasard se montre dans les conséquences.

Or, par cela même que les sens, que le corps sont forcés de se soumettre, l'esprit, l'idée se débattent contre le joug, s'insurgent sous les chaînes.

Il y a dans l'homme, un instinct de révolte mentale, contre le fait de la subjection matérielle.

Ce semble , pour en tirer vengeance, l'opinion est récalcitrante d'autant que la volonté est contrainte.

Elle se retire, se confine au secret du dogme : elle s'y creuse un refuge inaccessible.

Nous en sommes à ce temps, où les têtes ont conçu, ont épousé des dogmes, l'un et l'autre exclusifs, tous deux hostiles.

Comme il y a incompatibilité entre ces dogmes irrésistibles, irrévocables, c'est chose forcée que les têtes se choquent et se brisent.

La seule voie de salut réside dans la reconnaissance mutuelle du principe de la nécessité, lequel tranche à propos les différens et triomphe de tous les partis, n'en laisse triompher aucun.

Au plus, il resterait à définir ses caractères, si ce n'était qu'ils sont manifestes, palpables, au point de ne se prêter à aucune définition.

En remontant à l'origine des faits, pour entrer dans la droite route, pour parvenir au vrai terme, il y a ceci à dire.

La France voulait ce qu'elle avait, veut ce qu'elle a, voudra ce qu'elle aura.

A part les thèses et les théories, partout la masse nationale est réduite à la vie animale, est même restreinte dans son entretien physique.

Sous le rapport religieux, l'enthousiasme vient parfois à la saisir, à l'enlever.

Sous le rapport politique, l'indifférence, l'impassibilité s'y font seules apercevoir.

L'individu ne tient qu'à vivre : la société ne tend qu'à être.

Pour l'un et pour l'autre, la sorte de régime n'offre qu'une importance secondaire.

Dès lors qu'il satisfait la plénitude des besoins, et garantit la régularité des fonctions, le *statu quo* est tout.

Le *statu quo* est comme le *nec plus ultra*.

De là surgit la plus étrange évidence.

En outre des classes condamnées à l'ignorance crasse, à la morne apathie, plus des trois quarts de la population voulaient le roi tel qu'il était, même au risque que la charte fût autre.

Non sans disconvenir que l'occasion a été jetée sous les pas de la fatalité déja menaçante, ils se sont affligés, irrités, de la révolution improvisée.

Eh bien ! si cet état de choses qu'ils subissent seulement avec résignation, allait être renversé, leur affliction, leur irritation monteraient encore à un plus haut degré.

Au moins l'ordre social n'a pas été détruit , au lieu qu'alors il serait dissous.

Il ne s'agissait que de l'être de la royauté : il s'agirait de l'être de la société.

Et la royauté, dont le prix ne sera bien connu qu'après sa perte, n'est pourtant qu'une forme : l'hérédité, la légitimité ne sont que des modes.

En dernière analyse , de nécessité absolue, le fond, la fin , c'est la société.

Le fait marche à grands pas : le fait va atteindre au terme extrême.

On croira pour lors, d'autant qu'on verra : le repentir verra ; l'impuissance croira.

Des deux bords, la leçon a été vaine : ainsi, de 1789 à 1793, ceux-ci s'exaltaient, ceux-là s'obstinaient.

La même tombe les a mis d'accord : encore il a fallu pour la combler, une hécatombe de millions d'hommes.

Maintenant, les mois valent des années : maintenant, il n'est plus question des individus, mais de la société.

Ici, tentez donc d'imposer un point d'arrêt : là, consentez donc à demeurer en suspens.

Les uns et les autres, c'est avec les pierres de l'édifice social, que vous vous fabriquez des armes.

Les uns ou les autres, c'est sur un tas de décombres que vous fonderiez votre triomphe.

Hélas ! les principes et les doctrines, les sentimens même, n'ont plus qu'à se tenir à l'écart, en réserve.

Dans la crise, l'intérêt est seul en jeu, est tout

au risque ; l'intérêt de l'existence morale et physique.

L'épée de Damoclès, le damas de la fatalité,
menacent de toute part, suspendus par un che-
veu.

Au premier choc, au moindre ébranlement,
c'en est fait.

A peine la prudence du génie serait capable de
conjurer le péril.

Un mot, un pas aventuré suffit pour attirer la
foudre, prête à tout consumer :

Deux causes, celle-ci de fait, celle-là de droit,
travaillent à la dissolution sociale.

Voilà qu'une monarchie de huit siècles, qu'une
charte de quinze ans, se sont évanouies en un clin
d'œil.

Cela était juste, était légitime : tous le disent,
et beaucoup le croient.

C'est-à-dire que cela leur semblait tel ; de
même que cela ne le semblait pas à d'autres.

Le type essentiel du juste, réside dans la pensée d'en haut, n'est point attribué aux idées
d'ici-bas.

Des gens viendront, sont déja venus, qui se re-
présenteront le juste sous des formes opposées.

Et communément, ces formes fantastiques, se
moulent au gré, à l'ordre des passions.

Pour eux, cela sera juste aussi, cela sera légitime de détruire ce trône, cet acte érigés d'hier
soir.

Un souffle suffira quand naguère, il a fallu la foudre.

En outre, voilà que la souveraineté du peuple est proclamée, est préconisée par tous les échos.

Au premier jour, ce n'était pas encore un thême absolu, une thèse exclusive.

On peut lire les termes sacramentels.

« La chambre déclare que le trône est *vacant*
« en fait et en droit, et qu'il est indispensable d'y
« pourvoir. . . .

« La chambre déclare que *l'intérêt* du peuple
« français *appelle* au trône Louis-Philippe d'Or-
« léans et ses descendans, *à perpétuité.* »

Or, la vacance exclut la déchéance. Et l'intérêt diffère de la volonté ; et appeler ne signifie point élire ; et la perpétuité du trône ne s'allie pas avec la souveraineté du peuple.

En exprimant de plus, que le roi et le dauphin avaient abdiqué, et qu'une régence n'était pas te-nable, le principe de la succession persistait au moins dans la forme.

Seulement, un nouveau rejeton de la souche royale était investi du droit natif.

Alors, la puissance du fait, devenait respon-sable de tout.

Et comme un fait de cette puissance ne ramène pas souvent l'impérieuse nécessité, le nouveau trône était abrité contre le caprice.

Telle fut l'entente tacite des auteurs ou plu-tôt des rédacteurs.

Mais, les organes du fait, en face des agents du fait, ont tremblé, se sont reniés.

Peu à peu, et de plus en plus, le dogme de la souveraineté du peuple a été prôné à la tribune, par la presse, dans les lois, a été consacré.

Le dogme est attrayant, enivrant, d'autant que nul ne l'entend bien, et qu'ainsi, chacun l'entend comme il lui plaît.

La foi amoureuse des mystères s'y est attachée : tout doute, tout scrupule, ont disparu.

Cependant, le mouvement de sociabilité ne peut franchir au-delà : c'est le terme extrême, le terme final.

Ses développemens naturels mènent à l'abîme : aussi on n'aspire qu'à leur marquer une limite, qu'à les arrêter à un certain point

La tâche est rude, périlleuse.

L'imagination est mouvante de sa nature : et le dogme ouvre une carrière illimitée.

Il y a cet embarras surtout, qu'à chaque pas fait en avant, des individus y ont participé, ou du moins en ont profité.

De là, d'autres individus venant au même titre, sont tentés de les supplanter, de se colloquer aussi.

En fait, il leur apparaît que le dogme a servi de prétexte, a été exploité en vue des intérêts.

En droit, il est incontestable que le dogme convie à des progrès successifs, que dans l'immense série de ses conséquences, la première accomplie, la dernière opérée, appelle et prépare une nouvelle.

Qu'on fasse donc de la souveraineté du peuple!

Telle sera la vivacité de rotation du mécanisme social, que tour à tour, jour par jour, les uns et puis les autres seront brisés, broyés.

Le système actuel s'implante dans la classe moyenne, se limite sous la catégorie électorale.

Dieu veuille qu'il s'y fixe! Car la caste privilégiée seulement descendrait de son siège, et ne monterait pas sur l'échafaud.

Mais la coutume quelque peu surannée rendait presque insensible l'ascendant transmis : au lieu que les souvenirs d'hier, mal effacés par les hasards d'aujourd'hui, rendront intolérable l'influence conquise.

D'abord, le titre électoral sera disputé, transporté des cotes de 300 francs, à celles de 200, de 100, de 50.

Et ce n'est rien, attendu que l'opinion armée de la presse, domine les volontés gisantes sur les bancs de la chambre.

Ce n'est rien, attendu que les intérêts se reconnaissent, se rallient, et se saisissent, se servent à leur profit tout matériel, d'un dogme tout idéal.

Encore l'aristocratie bourgeoise, comme on l'appelle, garde ses rangs et fait front, grace à la terreur des mouvemens populaires.

L'État n'est préservé d'un péril qu'autant qu'il est menacé de l'autre.

Quant aux divisions de la bourgeoisie, les causes sont simples, les effets sont certains.

Pourquoi tels ou tels, issus de même lieu, et parvenus par hasard ou par intrigue, car le mérite est rarement supposé, doivent-ils jouir de la suprématie ?

Comment dix et vingt contre un, également investis d'une part de souveraineté, également influens dans la force nationale, peuvent-ils subir la suprématie ?

Voyez plutôt combien il y a de degrés sur l'échelle de la hiérarchie industrielle.

Banquiers et capitalistes ; notaires et avocats ; négocians en gros ; médecins et hommes de lettres ; enfin, marchands en détail.

Dont chaque catégorie est plus forte en nombre, d'autant qu'elle est moins haute en titre ;

Dont toutes les catégories, sauf la dernière, sont égales ou supérieures en moyens intellectuels, en dépit de la prééminence politique.

Ici, un tiers-parti s'élève : auquel la prépondérance assurée au premier jour, loin de porter le repos de l'espoir, souffle l'impatience.

Le temps le fait vaincre : il veut vaincre le temps.

La jeunesse est vive de foi, est libre de doute : elle est toute en imagination, elle n'a nulle expérience.

Et la pensée ne vit que de thèses, de théories, comme la raison se nourrit de souvenirs, de faits.

Et la foi, la bonne foi qui surgit de source vierge,

est seule douée d'ascendant sur les esprits, sur les cœurs.

La jeunesse a cela de propre, que l'espace indéfini de vie qui s'ouvre devant elle, lui paraît une éternité.

Elle a cela, que l'état de célibataire ou de nouveau marié, la laisse dépourvue de l'instinct, du besoin de l'hérédité.

Qu'on comprime donc, ou même qu'on réprime la jeunesse, et pour notre intérêt, et dans son intérêt.

Ses efforts ne tendent qu'à devancer l'avènement prochain du temps.

Son succès n'aboutirait qu'à exciter ses enfans à la supplanter, de même qu'elle aurait supplanté ses parens.

Poursuivons : le char des révolutions ne s'arrête qu'au fond de l'abîme.

Sur une pente aussi rapide, chaque tour de roue, en se succédant, aura de plus en plus, un mouvement accéléré, précipité.

De ceux qui ont, en naissance, en fortune, en intelligence, l'action se propagera à ceux qui n'ont en propriété, que leurs bras.

Ici, point de jugement.

L'esprit d'imitation entraîne seul. On voit la force abaisser ce qui était en haut, élever ce qui était en bas.

On se tâte alors, on palpe sa puissance : on atlente aussi ; on prétend , non pas s'élever au niveau , mais abaisser à son niveau.

C'est le sort et c'est le péril des masses.

Impuissantes à atteindre , à s'asseoir au faîte , elles sont vouées plutôt à abattre les sommités sociales , à niveler l'édifice au ras du sol.

Il y a la classe ouvrière , la classe paysanne.

Sans parler des jours du combat , Paris a vu la première s'élancer du fond des faubourgs , sillonner ses rues étonnées , épouvantées.

Un prodige s'est opéré : un nouveau ne se rencontrerait pas.

En ceci , voir, c'est savoir : quand les faits parlent, les mots ne disent rien.

L'industrie est entée sur le monopole des mécaniques, lequel a créé une race d'ilotes.

Et quand l'autorité maintenait à grand peine cet état de servage, voilà qu'on a remis en leurs mains, la bannière, les armes du libéralisme.

Sparte, si prudente , ne se préserva pas de la révolte ; Paris tant inconsidéré ne se sauvera pas de la ruine.

L'hiver et la faim , les journaux et les cabarets, la guerre surtout se chargeront de mettre le feu aux poudres.

Viennent maintenant les campagnes ?

On se rappelle de la Jacquerie, des gueux du Brabant. On connaît les troubles de la Westphalie , de la Belgique.

Pourtant, en ces temps , en ces lieux , l'ascen-

dant des curés, le patronage des seigneurs subsis-
tait.

En France, il n'y a personne pour guider et
retenir, pour surveiller et punir.

La prééminence native est méprisée; la prééminence conquise est détestée.

Même, la commune n'existe pas : institution
hostile à l'autorité et propice contre l'anarchie.

Qu'une tête s'échauffe, qu'un bras se lève :
aussitôt tous les esprits, toutes les forces s'u-
nissent, se meuvent et dévastent, ravagent, rui-
nent le pays.

D'une part, les récoltes sont consumées; de
l'autre, les labeurs, les semailles sont entravés.

La rage aveugle dévore ses propres ressources;
et ses ressources s'apauvrissant de plus en plus,
la rage s'exalte d'autant.

Or, tous moyens manquent.

Nul impôt ne rentre : le foncier et le mobilier
ne trouvent pas de recors à affronter les coups
de fusil.

Les vins repoussent l'exercice : les tabacs s'es-
quivent au compte : les sels sont enlevés sur les
routes, les rivières.

Enfin, les produits étrangers s'ouvrent l'entrée,
inondent le marché.

Nulle force ne s'offre : les gardes urbaines
n'iront pas s'aventurer à travers les épaisses haies,
les chemins creux.

La troupe ira peut-être et ne rentrera pas : la

débandade s'y mettra , car la troupe aussi est su-
jette à la contagion.

C'est la dissolution de la société.

Que de choses dans un 28 juillet !

Que de choses dans le fait de la révolution,
dans le mot de la souveraineté !

Non, nul ne l'avait prévu.

Distinguons pourtant.

Le fait impose les larmes, recuse les armes.

En le combattant, de même qu'en y connivant,
les suites ne se laissent pas apercevoir.

Le désordre et la licence, les désastres et les
crimes, sont trop constans.

Le mal précède : le bien succèdera-t-il? On ne
sait.

Encore, dans l'ordre matériel, le temps a des
remèdes contre les maux du temps.

Sauf néanmoins les têtes qui sont tombées, le
calme relève, répare les existences : et l'oubli qui
accourt, étanche les regrets, cicatrise les plaies.

Mais dans l'ordre moral, point de curatifs, à
peine des palliatifs !

A travers les crises sociales, la lie monte d'a-
bord, et encroûte la surface : puis, la masse entière, se corrompt, se putréfie.

Qu'on ne bouge pas l'homme. Sa vertu est de
routine, d'inertie : le mouvement, le frottement
en ont la fin.

Arrière les pensées égoïstes, même les sentimens généreux!

Il y aura assez de troubles, sans que la volonté
de l'homme vienne se joindre à la fatalité des
choses.

Même, il y a assez de chances éventuelles, sans
qu'il faille y ajouter des chances intempestives.

Qu'on laisse aller : si le mécanisme social est
établi sous un mode impossible, il faudra bien revenir aux anciens rouages.

Qu'on aide à faire aller : quelle que soit l'influence exercée, elle échouera à soutenir ce qui
ne saurait tenir.

Et la conscience n'aura pas à se reprocher d'a-
voir agi à l'encontre de l'arrêt des destins, toujours
ignoré.

Ce point domine, et doit rallier de tous les
bords : qu'il importe de sauver la société, de la
dissolution.

Un monarque perdu, c'est un grand mal. Une
monarchie perdue, ce serait pis encore : une
société perdue, ce serait tout.

Or, les moyens, les seuls moyens consistent à
limiter les conséquences du dogme de la souveraineté, à accomplir les conditions du fait de la
révolution.

Combien il y a à dire sur le premier sujet!

En ce sens, il n'est jamais assez fait au gré de la
peur ; il est toujours trop fait en vue de la sécurité.

Sur une telle route, il n'y a point de terme
final, point de bornes fixes.

Marchez vite, courez en hâte : a chaque pas, le
chemin déjà fait s'anéantit ; et le chemin à faire
s'illimite.

On imagine s'avancer vers le but à mesure qu'on
s'éloigne du point de départ.

Et les meneurs, dont la course est précipitée,
vous laissent de plus en plus en arrière.

Qu'on s'arrête donc.

Le péril est déja extrême pour ce trône fondé
sur une pente escarpée : ce serait l'accroître encore que de creuser le sol autour de ses bases.

Combien il y a à faire sous le dernier rapport?

Une révolution détruit les conditions présentes,
et porte les futures conditions de la société.

On doit les accepter, les accomplir, afin de garantir la société contre l'avènement d'une autre crise
subversive.

On ne peut en chercher, en rencontrer ailleurs,
à moins de libérer la société, au moyen d'une
contre-révolution.

De plus, la société ne sortira de l'état de révolution qu'après l'achèvement de l'opération.

Jusqu'alors toutes les têtes sont en travail, toutes les existences en suspens, toutes les fortunes
en doute.

Qu'on examine donc. Qu'on détermine, d'un
coup-d'œil pris de haut, ce qui est la fois utile
et juste.

Et qu'on agisse à l'instant même : ensuite qu'on se repose à demeure.

Là , est le point d'arrêt.

Là , il faut se fixer, se tenir ; il faut combattre et périr plutôt que de céder en rien.

Un pas de plus, un pas de trop, jette sur la voie fatale , pousse à l'abîme certain.

Hélas ! peu de temps reste à s'écouler, avant que tant de gens encore enivrés, ne viennent déplorer que de tels conseils aient été méprisés depuis près de sept années.

Au moins que la leçon serve !

D'abord, il y a à se dépouiller du vieil homme.

Ni routine , ni manie, ni caprice ne subsisteront.

Ni prières, ni menaces, ni intrigues ne prévaudront.

La mémoire s'effacera devant le jugement, l'homme disparaîtra devant la chose.

On doit le sentir : après les périls du passé , les craintes survivantes par instinct, exposent d'autant aux périls contraires de l'avenir.

Voici la loi générale.

La dogme de la souveraineté du peuple offre cet imminent danger, que chaque classe est excitée à disputer le pouvoir à telle autre, et, de plus , est disposée à le tourner contre la société même.

Comme aussi il présente cet avantage éminent , que le remède réside en lui-même , est tiré de lui-même.

Il n'en résulte que du bien, dans sa juste entente; le mal n'en dérive que par l'erreur des sous-entendus.

C'est au tribunal de la vraie souveraineté, qu'il convient d'appeler des jugemens de la fausse souveraineté.

C'est au sein de l'opinion générale, qu'il convient de rechercher les moyens de défense contre les agressions de l'opinion partielle.

Si la ville de Paris, un quartier de Paris crie et menace, faites donc parler le Paris entier, la France totale.

Et vous vous ferez de la force : et vous leur ferez justice.

Les principes d'égalité et de liberté portent moins de risques, en ce qu'ils se prêtent mieux à une répartition équitable, en ce qu'ils sont limités et contenus par les réactions mutuelles.

Il y a seulement à prévenir la domination politique, que les plus forts ou les plus fins sont tentés d'usurper à l'aide de leurs droits.

Il y a encore à provoquer, à protéger l'insurrection morale, qui est prête à s'élever à l'encontre, de la part des faibles de toute sorte.

Du reste, les principes doivent être appliqués et développés dans toute leur extension possible et légitime, nécessaire et obligatoire.

Ces mots sont synonymes : ici le droit s'allie au fait.

Dans ce travail, on n'omettra pas de tenir

compte des anciennes existences, maintenant mises hors de ligne, sous le rapport de l'égalité.

On ne manquera pas d'accorder sa juste part à l'opinion vaincue, ainsi ramenée sur les mêmes voies, en retour de la liberté.

Cependant, et le dogme de la souveraineté du peuple, et les principes de l'égalité, de la liberté des hommes, émanent de la loi essentielle, aboutissent à la fin capitale.

Et cette loi, cette fin, sont rendues en un seul mot : *l'humanité*.

Loi divine, fin sacrée ! que les lâches cœurs, les esprits débiles, méconnaissent et méprisent de tout temps.

Théoriquement, nul ne prétend en contester la vérité.

Pour l'homme, il n'y a que l'homme : pour les hommes, il n'y a que les hommes.

Le mot *humanité*, est l'expression réduite de ces axiomes innés.

Pratiquement, le contraire a lieu : nul ne songe à en établir la réalité.

Tantôt trop affairé et tracassé par les détails, troublé par les incidens, la fin s'efface, s'évanouit de l'esprit.

Tantôt trop absorbé, trop préoccupé des vœux et des soins personnels, la loi n'est point obéie, n'est pas même comprise.

Aussi les révolutions se succèdent vainement, soudainement

Comme elles se passent à la surface, et ne pénètrent point jusqu'au fond de la société, le vent les pousse l'une sur l'autre.

Aucune n'est durable, parce qu'aucune n'est légitime.

Or, le moment est venu d'aborder, de sonder le point le plus délicat, qui déja a été effleuré ailleurs.

« *Le vrai principe de la civilisation, le droit!....* *le droit, sans lequel il n'y a rien sur la terre!* » (M. Royer-Collard, 1820).

Le sentiment parlait ainsi : la pensée parle autrement.

Le droit a sa légitimité, dont l'ineffable prix tient à ce qu'elle est avérée, incontestée.

C'est la légitimité native.

La légitimité acquise existe aussi.

Le fait a sa légitimité, dont la valeur inférieure tient à ce qu'elle est équivoque, incertaine.

Le droit a sa légitimité toute faite ; le fait a sa légitimité à faire.

Une pareille fin étant imposée ; en y manquant, il se peut que celle-là se perde ; en l'accomplissant, il se peut que celle-ci se fonde.

Non sans observer qu'à ce titre seulement, la déchéance atteint la légitimité de droit ; et qu'à ce titre seulement, l'investiture survient à la légitimité de fait.

La même loi d'humanité prédomine : du premier bord, le devoir commande plus que le besoin;

du second bord, le besoin oblige plus que le devoir.

Les mêmes paroles conviennent; que dictent tour à tour, la loyauté, la fatalité; et que flatte à peine, aujourd'hui comme hier, un rayon d'espérance.

Extrait de *la Péninsule en tutelle*, 1828.

« Chose étrange! la monarchie britannique,
« long-temps incertaine et équivoque, se trouve,
« par l'effet de la révolution française, la plus
« intacte d'existence, la plus ancienne de durée;
« et, comme au lieu de se reposer sur ces titres
« privilégiés, l'expérience lui porte des lumières,
« lui souffle l'esprit de sagesse; elle promet après
« s'être défendue seule, contre tous, de persis-
« ter plus long-temps qu'aucune autre. »

« En ce coin du globe, la légitimité a senti
« qu'au contraire de l'usurpation, étant à la fois
« dégagée du besoin, et dépourvue des moyens
« d'employer la force, de régner par la crainte,
« il lui fallait s'établir sur ces bases immuables,
« la libéralité dans l'intention, la loyauté dans
« l'exécution: l'une et l'autre, non pas dans le sens
« où elles sont prises par certains défenseurs du
« royalisme, et par certains fauteurs de révolu-
« tion, mais dans l'acception qu'elles portaient,
« depuis l'origine des choses, jusqu'en ces jours
« de vertige. »

« La légitimité à la fois pudique et habile , ne
« s'y dissimule pas qu'elle-même n'est pas de
« première création ; car des siècles se sont
« écoulés où il n'y avait pas de rois , et nul ne
« peut dire le lieu , l'époque où l'instinct d'hu-
« manité, où le sentiment de moralité ne se soient
« pas rencontrés. »

« La légitimité y reconnaît qu'il est des légi-
« timités prééminentes et préexistentes , des lé-
« gitimités de fond , pour parler nettement, par-
« dessus lesquelles passent et repassent , sans les
« troubler à peine , ces terribles tempêtes qui
« bouleversent la surface des sociétés , qui dé-
« truisent les formes extérieures ; et qu'il ne lui
« sera donné , étant de nature si délicate , de
« braver les saisons contraires , de résister à la
« fureur des temps , qu'en s'implantant et pous-
« sant des racines jusque dans leurs entrailles. »

Qu'on accepte ou qu'on récuse le fait, le travail s'opère dans l'idée, ne s'échappe point du cerveau.

Tant que le fait est, il n'y a que lui : tant qu'il persiste, il domine.

En vain, son principe serait faux et inique : encore ses conséquences sont vraies et justes.

Au moins pour ceux qui admettent celui-là, c'est un besoin, c'est un devoir d'adopter celles-ci.

Tout état de choses a ses conditions obligées.

Trop souvent, le hasard change l'état; toujours la nécessité impose les conditions.

Les têtes dures ne veulent pas entendre à l'existence du fait, parce que le principe leur répugne.

Et cela est folie; car leur sentiment, leur jugement, ne mettent pas à néant, la réalité.

Les esprits faibles subissent la puissance du fait, bien que le principe les révolte.

Puis, honteux, inquiets, ils chicanent dans l'application, ils se débattent contre les conséquences.

Et cela est sottise : tandis qu'ils se tiennent à côté, se mettent à l'écart, le fait avance et les écrase.

Ainsi, se sont égarés les conseils de la restauration.

En conservant les habitudes , les règles de l'ancien régime , au sein d'un régime contrastant.

En pratiquant les petites menées de l'arbitraire, comme en place et à défaut des grandes manœuvres de l'absolu.

Enfin, en interposant la ruse et la fraude, à travers les mouvemens du mécanisme politique.

Ainsi s'égarent, de même, et le cabinet et la Chambre actuelle.

En ne saisissant point, dans toute leur étendue, les conséquences du système existant.

En refusant de favoriser leur développement et travaillant plutôt à l'entraver.

Enfin, en prétendant opposer aux périls nouveaux , des remèdes surannés.

Or, ce travers n'est nulle part, plus sensible , plus funeste, qu'au sujet des journaux.

Suivant qu'on veut l'entendre, la presse périodique donne le ton ou sert d'organe à l'opinion.

En tout cas, la presse , l'opinion ne font qu'un : et l'opinion est toute en ces temps.

Il n'existe que la forme, que l'ombre d'un trône: tout prestige s'est évanoui ; ni le sentiment, ni le dévouement ne renaissent de la tombe.

La force morale n'est plus : la force judiciaire et la force militaire ne sont rien.

La force rationnelle reste seule : et cette force réside dans l'opinion.

Obéit qui veut : en dernière analyse, telle est l'expression de la société présente.

L'opinion formée commande à l'autorité : c'est à l'autorité de former l'opinion.

Immédiatement, elle s'y trouve inepte : indirectement, qu'elle se montre donc habile ?

Son métier est de mettre en présence, en lutte, l'opinion avec l'opinion.

Il faut la décentraliser, et multiplier ses foyers, éparpiller ses échos.

Au lieu qu'une voix unique éclate et tonne ; mille et mille voix se couvrent, se confondent.

Pour l'effet, ce vain bruit, ce bruit confus et continu, équivaut au morne silence.

Il y aurait plutôt des primes à accorder, que des taxes à infliger aux gazettes.

Qui donc ne rougit pas pour le passé, ne frémit pas, quant à l'avenir, de l'empire exercé par quelques feuilles ?

Qui donc ne s'aperçoit pas que c'est cet empire même, dont l'influence occulte empêche l'établissement de la liberté plénière ?

Impuissants à briser le joug, les esprits se courbent et cèdent sous le poids, dans l'espoir de l'alléger.

D'autre part, on ne sait quel instinct, naturellement révolté contre les journaux, se soulève spontanément à l'apparition de toute feuille nouvelle.

Le mot est pris pour la chose ; la cause ne se distingue point de l'effet.

Ainsi un homme tourmenté par le poison le plus subtil, se refuserait à prendre un antidote énergique.

Cependant, quelques symptômes heureux se montrent : on essaie, ce semble à penser de soi-même ; ou du moins on s'efforce à ne plus penser d'après les autres.

Le pouvoir de la presse est parvenu au plus haut degré. Après avoir défait et refait un roi, une charte, comment faire plus ou mieux ?

Et toute influence morale, aussitôt qu'elle n'est plus en ascension, qu'elle reste en stagnation, tend à la décadence.

Puis, peu de gens sont en état de joie vive, de paix profonde.

Quelques plaintes, quelques reproches peut-être, menacent les acteurs du drame politique.

Enfin, sur cette terre tout change, tout passe : avoir été, est une raison suffisante pour n'être plus.

Le crédit, le renom ont d'autant moins à durer qu'ils durent depuis long-temps.

Justement, à cette époque périlleuse, les journaux ont imaginé d'exagérer leur format.

Maintenant l'œil s'y lasse, l'esprit confond tout, la mémoire ne conserve rien.

Il manque seulement d'aider au double format, au moyen du double nombre.

C'est donner quatre fois plus à lire ; c'est réduire

l'attention au-dessous du quart, car l'esprit n'est pas élastique outre mesure.

Il faut compter aussi que les déceptions, l'une sur l'autre entassées, viennent se réfuter elles-mêmes.

Il faut compter que les critiques mutuelles, chaque jour plus aigres, portent la lumière, c'est-à-dire le dégoût, le mépris.

La multiplicité des feuilles vouées au désordre, serait donc profitable.

Il n'y a guère moyen d'en faire justice. On les verra se faire justice entre elles.

Le tribunal de l'opinion est seul compétent ; et l'envie, la haine, la vengeance ne tarderont pas à s'y dénoncer.

Ceci est à observer, que la sphère des erreurs, des faussetés de toute sorte est indéfinie ; au contraire de la vérité qui réside en un point fixe, en un seul point.

Ayez cent et mille feuilles d'opposition ; chacune travaillera en sens divers ; toutes se contrarieront à l'envi.

Ce sera la confusion des langues ; les esprits troublés aspireront au repos : le désordre amènera l'ordre.

Et cependant il naîtra enfin quelque journal de pure origine, de race vierge, quelque journal de conscience, car il n'y en a pas.

Jeune d'âge, libre du passé, riche d'avenir, il comprendra ce qui peut être, il apprendra ce qui doit être.

La vérité de sentiment, la simplicité d'expression, fera tout son art, vraiment inimitable.

Il n'y aura qu'une lettre à changer à l'ancien titre : en saisissant les choses de plus haut et plus au large, ce sera le journal *loyaliste*.

Le nom rend le principe : les développemens suivront le cours des faits, tels que les préparent les destins intraitables.

Or, le moment est propice.

Voyez plutôt comment, de toute part, s'élèvent, et s'agitent les craintes, tantôt alliées au regret, tantôt mélangées de repentir.

L'ébranlement se propage dans tous les esprits. Nul n'est plus ce qu'il était, n'est encore ce qu'il sera.

C'est une époque transitoire, une crise intermédiaire.

Du bord actif, plutôt encore que du passif, comme on est arrivé au terme extrême, tout mouvement ne peut qu'être rétrograde.

Il faut, ou ne pas bouger, ou reculer : et l'état d'inertie, d'inaction est difficile à garder, après une si longue habitude d'agitation.

Vienne alors un trait de lumière! La ligne mitoyenne qu'il trace, la voie commune qu'il montre, ne répugnent plus et rallient des partis jusqu'alors ennemis.

Et non, mille fois non, jamais les choses n'en seraient venues au point d'aboutir à une telle crise, si quelque organe s'était prêté à rendre la pensée des hommes de bien et de sens.

Chose inouie, inconcevable.

La presse est plus à soigner que la chambre : dix journaux influent, importent plus que quatre cents députés.

Dans ce réduit souvent sombre, autour de cette table branlante, voyez écrire quelques rédacteurs de feuilles : les uns convoitant les plus hautes fonctions, les autres rétribués à tant par ligne.

Voyez aussi tous les électeurs de France quitter leurs foyers et se réunir pour nommer des mandataires, auxquels est réservée la tribune nationale.

Eh bien! la plume se joue de la parole ; l'opinion se laisse prendre par ceux-là, plutôt que par ceux-ci.

L'instinct naturel d'égalité est ému au langage de ses pairs ; au lieu que la haine de l'autorité repousse les discours proférés d'en haut.

Il faut y prendre garde. Le trône n'a été attaqué si long-temps, n'a été renversé depuis peu, que parce qu'il contenait le principe et présentait le signe de l'autorité.

C'est à l'autorité, abstraitement parlant, que la guerre a été et sera faite.

Ici, on prétend s'en saisir et l'exploiter : là, on aspire à s'en délivrer, à l'abolir.

Et il n'existe plus qu'une royauté de convention, dénuée de tout prestige, de toute magie, seules puissances capables d'enlever à leur insu, les volontés.

La royauté ne dit mot, ni au sentiment, ni aux sens; ne parle qu'à la raison, difficile à convaincre, impossible à fixer.

Jamais il ne fut un équilibre aussi périlleux.

Au moins faudrait-il que la représentation fût assise solidement, afin de la soutenir.

Tel est le point essentiel, capital.

Arrière donc ces deux espèces d'hommes d'État qui n'entendent pas leur métier, ou n'entendent pas leur devoir.

Les uns, fauteurs de la révolution, dont le génie s'est épuisé ce semble dans l'acte de la conception, manquent à sustenter leur œuvre à peine naissante.

Les autres, martyrs de la nécessité des choses, sont parvenus seulement à se résigner, et s'arrêtent au rôle de patiens, ne s'élèvent point au rang d'acteurs.

Tous de même laissent aller la chose publique à travers les hasards, ou la font aller suivant des règles surannées.

On ne voit pas que la puissance inexorable du fait a tout changé, a transporté le salut où résidait la perte.

Sous une constitution monarchique, le cens électoral devait être fort restreint, attendu que la chambre formait un conseil plutôt qu'un pouvoir; était appelée à porter des lumières, et non à imposer des ordres.

Les conditions de la stabilité consistaient en ce point, que la chambre ne fût pas en force de renverser le trône.

Maintenant la stabilité dépend de conditions diamétralement opposées.

Il n'y a plus de trône à renverser : il y a seulement un trône à soutenir.

La chambre ne peut s'insurger alors qu'elle domine : c'est le peuple qui peut s'insurger, s'il n'est pas dominé.

Déja les dispositions sont menaçantes : déja la chambre est attaquée dans son principe de vie, est accusée d'illégitimité.

Et, à vrai dire, dans le système de la souveraineté nationale, chacun a droit d'élever une telle attaque, tant que le suffrage universel n'est pas admis.

Il convient donc de se donner des défenseurs, de recruter des auxiliaires qui préviennent ou répriment les tentatives de l'ennemi.

Même dans cette tâche, on ne doit pas regarder au prix, on ne doit pas être retenu par les risques.

Certes, il est impossible que la chambre résiste, appuyée sur un si petit nombre d'électeurs, contre le poids d'une masse quintuple et décuple.

Certes, il est préférable qu'une chambre quelconque existe et demeure , au lieu d'être toujours branlée , souvent remplacée.

Follement , les craintes survivent aux chances.

L'ère de destruction est close; l'abîme a été comblé de débris. La société fait table rase.

Il y avait un trône préexistant, prééminent, dont se défiait la frayeur, que l'orgueil supportait avec peine.

Il n'y a plus qu'un peuple remuant, turbulent, qui menace de niveler toutes les existences.

On travaillait à saper , on aspirera à fonder le pouvoir.

Puis, le clergé , la noblesse, jadis puissances réelles, n'offrent plus que vaines prétentions : l'envie s'armait , le dédain sourit.

Dans la chambre, les divisions vont naître, tendant par leurs débats à consumer presque toute la force, réussissant par leurs chocs mutuels, à conserver l'équilibre.

Non, sans cette différence, que les classes actuelles n'étant ni délimitées, ni concentrées, la lice ne présente point deux camps isolés, et la lutte ne comporte point un combat à outrance.

Au reste, les périls éventuels sont devancés, sont surmontés par les périls imminens.

Après que le pouvoir aux vieilles racines est tombé, il serait nécessaire qu'un autre pouvoir s'implantât dans le sol, se fixât à l'abri des vents.

Et les collèges sont peuplés de campagnards, de petits marchands qui suivent servilement l'im-

pulsion donnée , sont privés des notables exer-
çant les professions libérales , au sein desquelles
se forme l'opinion.

Cela se concevait sous l'ancien régime : cela
est extravagant dans le nouveau.

Quand la presse , la parole , sont en pleine liberté, ont la toute-puissance, on traite leurs organes en ilotes , on les transforme en ennemis.

Les défenseurs sont recherchés , où il n'y a
que faiblesse : où gît toute la force, les assaillans
sont provoqués.

Or , comment cet enfant de pouvoir, informe
encore et long-temps débile, y tiendrait-il ?

Le premier soin doit être d'admettre dans les
collèges, tous les membres du jury.

Ensuite , le nombre des électeurs doit être fixé
dans la proportion de la population, et non pas en
raison de la cote contributive.

Paris en fournit un sur cent: telle province n'en
fournit qu'un sur mille.

L'impôt de trois cents francs à Paris , équivaut,
en fait d'aisance et d'indépendance, à l'impôt de
cent francs et au-dessous, en d'autres lieux.

En prenant dans toute la France , un électeur
sur cent individus, le juste rapport serait ré-
tabli.

Voilà l'essentiel, l'obligatoire, l'indispensable.

Quant à baisser le cens électoral à deux cents,
à cent , à cinquante francs , la question est toute
autre.

Plus on descend en fait de cote foncière, moins on rencontre d'intelligence, d'alliance, d'influence.

A peine le pouvoir y gagne en force?

Et l'idée politique s'insinue dans les têtes, inhabiles à comprendre les principes, sujettes à s'égarer dans les conséquences.

L'opinion, si puissante, si menaçante, doit être saisie où elle existe déja, ne doit pas être suscitée où elle n'est pas née encore.

Si le cens était baissé, il conviendrait d'en distraire le montant de la patente; car, avec une faible dépense, le candidat pourrait créer des électeurs postiches.

En tout cas, il faudrait exiger que la patente fût prise depuis trois ans; car c'est chose trop ridicule, qu'on soit électeur aujourd'hui, sans l'avoir été hier, sans l'être demain.

Il n'y a rien à dire au sujet des conditions d'éligibilité.

Qui donc serait tenté de soutenir, qu'à la cote de mille francs, est essentiellement, est exclusivement attaché, le brevet d'indépendance et de désintéressement, d'intelligence et de raisonnement?

L'antique royauté a disparu, en 1830 comme en 1792, laissant aux uns, de longs regrets, aux autres des espoirs lointains.

Par deux fois, les coups dirigés ailleurs, ont porté sur ce point : dans la mêlée engagée avec le clergé et la noblesse, le trône s'est rencontré, a été renversé.

La cause ayant été faite commune, a été perdue pour toutes les parties.

Maintenant, l'église n'a plus à se défendre que par les dogmes : la noblesse n'a plus à s'armer que des souvenirs.

De là, le nouveau prince ne doit point conserver les mêmes alliances, ne peut être exposé aux mêmes périls.

De là, n'ayant plus à se prévaloir de leur appui, il lui faut rechercher d'autres secours.

Cependant la masse nationale est comme assimilée, ne comprenant que des élémens analogues, homogènes.

Il ne s'y rencontre plus de ces principes hostiles, dont la lutte invétérée est parvenue à briser le corps, à abattre la tête de la société.

Le prince peut s'y reposer sans crainte, doit y asseoir ses espérances.

Seulement, il importe de ne pas agir à rebours de l'état des choses, en contre-sens de la nature des faits.

Aristocratie, démocratie, ces mots qui indiquaient les bannières, qui marquaient les limites de deux camps ennemis, sont devenus de vains signes.

Car, celle-là ne se crée que dans l'acte de la

conquête, ou par le laps du temps ; et celle-ci ne prend un être, que par opposition à la première, qui s'est évanouie.

On ne sait quelle fatale manie possédait les publicistes de la restauration , et leur inspirait d'établir, de balancer les parts respectives de la monarchie , de l'aristocratie , de la démocratie.

Tel État peut être constitué sous l'un ou l'autre de ces titres : nul État n'en peut réunir ni deux, ni trois.

Ces divers modes se succèdent partout, ne se mêlent nulle part.

L'idée était trop étrange , de faire une aristocratie avec des pairs tirés au sort, avec des nobles mis au niveau ; de faire une démocratie avec les procureurs fondés de soixante mille contribuables.

Or, il n'y a point de force à obtenir des fantômes : il n'y a point de repos à fonder sur des ombres.

Dans la vérité , la France présente une bourgeoisie active, puissante, qui attend d'être éclairée, d'être guidée.

La France annonce une *ruralité* (si on peut employer ce nom) inerte et débile, qu'il y aurait à animer, à fortifier peu à peu.

A peine faut-il parler de celle-ci , dont l'organisation n'est guère possible, qu'au moyen du patronage des châteaux.

La bourgeoisie seule, est vivante : c'est de son sein qu'est issue la révolution ; c'est par ses soins que la monarchie peut durer.

Qu'on se hâte donc d'instituer la commune, de créer dans la ville, une cité.

Le droit d'élire doit être établi sur de larges bases : les mêmes qui, en habit militaire, nomment les officiers de la garde nationale, en habit bourgeois, doivent nommer les conseillers du corps municipal.

Ainsi, on reconnaîtra leur généreux zèle ; on ralliera étroitement la force morale, la force matérielle.

Il y a peu à regarder au cens contributif : il y aurait plutôt à limiter le droit aux chefs de famille.

La loi française est invitée à rentrer sur les voies de la loi romaine.

L'homme qui n'a ni femme ni enfans, est à peine citoyen ; ou du moins, il ne l'est qu'à demi, qu'au quart, relativement parlant.

Le célibataire est comme cosmopolite : il porte et transporte toute son existence, en un seul être.

Partout il a feu et lieu.

Quand la jeunesse est en insurrection, donnez toute l'autorité à l'âge mûr ; sans quoi, elle vient à s'en moquer, puis à se perdre elle-même.

Autant le gouvernement doit entretenir les

forces habiles à le défendre, autant il lui faut abattre les forces prêtes à l'assaillir.

Au reste, on peut se donner une puissante garantie contre l'inconvenance des choix.

En fait d'idéalité, les esprits perdus dans le vague espace, troublés par de fausses lueurs, s'égarent et s'emportent, n'aspirent qu'à se devancer mutuellement.

En fait de réalité, ils voient à leurs pas ; ils suivent les traces battues, ils marchent de front.

L'homme est fou en politique, est sage en économie.

Que les attributions les plus étendues, quant à l'administration et aux contributions, soient conférées aux communes.

Et que les délibérations prises par les conseils de municipaux et de notables soient dispensées du visa des bureaux de préfecture.

Dès lors chaque bourgeois intéressé en sa personne même, dirigera ses choix sur des gens honnêtes et sensés, peut-être sur des gens religieux.

Ici, contre l'équité évidente, contre l'utilité pressante, rien ne combat, sauf l'entraînement de la routine, et la tendance au despotisme.

Ayez des communes, et la patrie apparaît; ayez des provinces, et la patrie naît, grandit, domine.

La nationalité, l'individualité, sont choses essentiellement incompatibles.

Même des anges, des génies, chacun isolé à part, tous entassés au hasard, seraient impuissans à savoir, incapables de vouloir.

L'instinct, mobile uniforme, permanent, est encore confiné aux fourmillières.

Jamais l'intelligence, puissance variable, douteuse, n'y équivaudra.

Les communes feront les provinces : les provinces feront la nation.

Veut-on la justice relative ? Il faut que les besoins soient appréciés, que les vœux soient précisés, que les droits soient balancés ; enfin qu'il y ait transaction.

Veut-on la liberté, l'égalité, la souveraineté ? Il n'y en a point sans l'indépendance des volontés, sans l'influence des opinions.

D'autant que Paris aura beaucoup de l'une ou de l'autre, d'autant il y en aura peu pour la France.

Paris fait usage de ses droits politiques, comme d'une arme à deux fins, renversant d'un coup le gouvernement, écrasant de l'autre, la France même.

Pendant les crises, maintes fois la révolution y a fait explosion dans les rues ; a couvert le sol entier, de ses éclats brûlans.

Dans l'état de calme, toutes les affaires y sont appelées, toutes les places lui sont attribuées.

Paris fait masse : la France est brisée, est éparpillée en fragmens, en atomes.

Il n'y a que douze députés de Paris ; il y en a

quatre cent vingt de la France : ceux-ci se laissent étourdir par le prestige , éblouir par les faveurs.

L'ascendant d'une part , l'asservissement de l'autre , sont parvenus à ce terme extrême , qu'à peine le mal se fait sentir, qu'encore la plainte ne s'est guère exhalée.

On doit entendre que la mesure appropriée aux plans de 1790 , est opposée aux espoirs de 1830.

Les provinces ont été détruites, dans la vue de soumettre la France aux mêmes lois bursales , de la réunir en un corps compacte.

Ainsi l'ordonnait la leçon des temps passés.

Les temps actuels si différens des anciens , dictent une leçon toute contraire.

L'esprit fédératif des pays d'état , avait montré des abus : l'esprit exclusif de Paris a porté mille fois plus de périls.

En prétendant réduire la France à l'unité, on ne s'est pas aperçu que, sauf le chef-lieu, le pays ne représenterait que des zéros.

Cependant l'oppression enfante tôt ou tard l'insurrection : le despotisme appelle l'anarchie.

Déja la loi de Paris est méconnue en certains lieux : le centre obéit encore ; les extrémités se révoltent.

Le midi a promulgué l'abolition de l'impôt sur les vins , a mis le décret à exécution.

Et , qui peut donner main forte à la loi ? Nulle ville n'est organisée en commune ; les villes

et les campagnes ne sont point constituées en provinces.

Il reste un préfet, un maire, ombres vaines !..

C'est que toute individualité installée au faîte
de la liberté et de l'égalité, investie du titre à la
souveraineté absolue, sera toujours tentée de rom-
pre la paix du roi, de s'esquiver au joug de la loi.

Or, le remède doit être tiré de la source même
d'où sortit le mal.

On connaît l'irrésistible magie des assemblées
nationales, plus puissantes que le prestige même
de la gloire.

Chacun imagine s'obéir à lui-même, soit que
son vote ait concouru au choix, ou que son vœu
ait coopéré à la loi.

Qu'il y ait donc des représentations au second,
au troisième degré, des états provinciaux, des
conseils municipaux.

Le roi très chrétien n'est plus : il n'y a plus de
fils aîné de l'Église.

Le pape avait couronné Napoléon, a reconnu
Louis-Philippe.

Entre la catholicité et la légitimité, toute alliance est donc abolie, anéantie.

Le droit divin, le droit éternel est réservé à
celle-là : le fait humain, le fait éphémère dispose
de celle-ci.

Ainsi s'apaisent les scrupules de la conscience, comme les craintes de l'autorité.

Le chrétien le plus fervent n'est point empêché de se soumettre à la loi politique.

Le libéral le plus exalté ne s'inquiète pas de voir le sacerdoce communiquer avec le St.-Siège et recevoir ses directions.

Même la nouvelle charte se prononce hautement.

La religion catholique a cessé d'être la religion de l'Etat, est restée la religion de la majorité des Français.

L'Église, l'État sont devenus étrangers : l'une n'a rien à prétendre ; l'autre n'a rien à exiger.

L'une et l'autre se meut librement dans des cercles excentriques qui ne sont en contact qu'à la circonférence.

L'Église est hors de l'État, comme l'État est hors de l'Église.

Telle est la loi de justice.

Quant à la question politique, il n'y en a pas, pour les hommes de bon sens, de bonne foi.

Les fidèles ne sont ni unis, ni ralliés, ne sont ni remuans, ni entreprenans.

L'expérience le dira en Belgique, comme la raison le dit en France. En vain le nombre est pour eux ; le mouvement est chez les autres : dix n'équivalent pas à un.

Cependant, la France vit sous la loi de la souveraineté du peuple, c'est-à-dire de la majorité.

Et la charte déclare que la religion catholique apostolique et romaine, est professée par la majorité des Français.

La majorité qui la professe, fait donc la loi. Si la loi lui était faite, ce ne serait que par la minorité.

Electeurs, députés, prenez garde.

S'il émanait de vous quelqu'entrave, quelque gêne à l'exercice de la religion catholique, c'est que vous n'êtes pas les mandataires de la majorité, c'est que vous êtes des usurpateurs.

D'après la reconnaissance de la charte, elle est dominante en fait ; en conséquence de la souveraineté, elle est dominante en droit.

Les dissidens, les opposans n'ont qu'à courber la tête, à tomber à genoux, à réclamer la vie sauve.

Ici, l'absurde s'allie à l'inique.

Si la majorité catholique est tant à craindre, comment peut-on la subjuguer ?

Si elle n'est point à craindre, pourquoi veut-on la subjuguer ?

Rien que l'instinct de tyrannie est de sorte à souffler un tel projet : rien que le régime de terreur est de force à l'exécuter.

Or, la tyrannie, la terreur portent en elles-mêmes, comme on sait, le principe d'une réaction équivalente.

Non, le gouvernement ne l'entend pas ainsi.

Pour qui a de la religion, la religion est tout.

Là, est la fin suprême : ailleurs ce ne sont que des formes, que des modes, variables, équivoques.

Les catholiques s'étaient attachés à Napoléon : on ne peut dire plus.

Maintenant, dégagés de tout lien par un coup de foudre, rien ne s'oppose à ce que d'autres rapports ne soient formés.

Qu'on les fasse, ou plutôt qu'on les laisse libres.

Et ils resteront tranquilles : et ils deviendront forts ; et ils se feront auxiliaires.

Au premier jour, contre la révolte de ceux auxquels on les sacrifie, on viendra requérir et recevoir secours de ceux qui sont sacrifiés.

Car, autant la société libérale est vouée aux révolutions progressives, autant la société catholique, tend à l'ordre, se maintient au repos.

Toutefois, des difficultés se présentent.

Les esprits sont encroûtés de préjugés ; quelque honte s'agite au secret des cœurs : la routine trouble la vue, entrave la marche.

De plus, quelle immensité de lois, d'ordonnances, n'y a-t-il pas à examiner, à juger ?

Eh bien ! que tout ce fatras soit comme non advenu.

Même, que l'église ne soit pas censée être, ou soit censée n'être que de ce jour.

Tout simplement, la société catholique aura à se créer, ainsi que la société politique s'est créée et recréée à chaque révolution.

Avec cette différence que la première devra seulement établir un ordre quelconque ; au lieu que la seconde devait en même temps démolir l'ordre ancien, édifier l'ordre nouveau.

Que la loi laisse la liberté : en fait de religion, la liberté étant soumise à l'autorité, ne porte point de périls.

Suivons les conséquences : le clergé devenu libre respecte les principes, recherche les lumières.

Comme l'État protège et ne favorise pas, comme la triste leçon instruit, comme l'esprit du siècle menace, le clergé est ce qu'il doit être.

Il n'aspire qu'à toucher, ne tente pas de dompter.

Et des synodes, des conciles rendent sa loi convenable au temps, uniforme en tous lieux.

Et des élections remplissent les sièges ; des directions parviennent de Rome.

Souverain dans le temple, comme au confessionnal, les portes s'ouvrent ou se ferment, les prières sont accordées ou refusées, suivant la loi constitutive.

Libre en fait d'enseignement, des maisons d'éducation s'élèvent, et pour les ecclésiastiques, et pour les enfans de bas lieu, et pour les jeunes gens de tout état.

C'est ici le point capital.

Le clergé entravé, enchaîné, reste à même

de satisfaire aux vœux, aux besoins des chrétiens.

Mais bientôt il n'y aura plus de chrétiens, si l'enseignement est tenu en monopole, s'il a, pour seule règle, de repousser, de rejeter toute doctrine religieuse.

Voyez comment les enfans sont enlevés à leurs familles , sont éduqués à la mode du jour, sont jetés dans le monde, en proie aux passions , en butte aux tentations.

Or, que va-t-il advenir des hommes : qu'est-ce que va devenir la société ?

L'histoire n'apprend rien : jamais on n'a vu une nation d'athées , ou même de déistes.

Encore , pour les classes aisées, quelque vague instinct de honte , quelque ombre de respect humain, parfois imposent un frein, opposent des barrières.

Encore de nos temps, les gens d'un certain âge ont conservé dans la mémoire au moins, des traces de l'ancienne éducation,

Mais dans le peuple abruti par le travail, mais avant peu d'années ainsi écoulées , il ne restera ni foi ni loi.

La société ne sera plus qu'un bois.

Qu'on écoute une parole non suspecte.

« Il est beau d'entendre celui-ci nous donner
« pour ressources, l'irréligion , celui-là , le protes-
« tantisme. Le premier ne fait pas attention que ,

« selon la nature humaine, telle qu'elle est faite,
« une irréligion totale est impossible ; et que, d'ail-
« leurs, selon les habitudes qui ont lié depuis
« long-temps l'une à l'autre, la religion et la morale,
« l'irréligion qu'on présente ici comme un remède,
« deviendrait un fléau. »
(*Le Ministère et la chambre*, par M. de Montlosier.)

Sous les rapports économiques, comme sous les rapports politiques, il faut revenir au même point, ou plutôt partir du même point.

Et ce point est le fait.

Si le fait bien que soudainement enfanté par un coup du sort, a été conçu et couvé aux secrets du temps ; s'il survient à la suite de circonstances déterminantes ; s'il se rapporte à la tendance instinctive des esprits, la durée lui appartient.

En vain, les sentimens, les intérêts, les habitudes sont choqués ; en vain le devoir et l'honneur même se révoltent.

Tout ordre politique apparu sous de tels caractères, n'a rien à craindre de ses ennemis cachés ou déclarés.

Nul péril ne le menace, si ce n'est de la part de ses fauteurs inconsidérés, de ses souteneurs inconséquens.

Ceux-là dont l'imagination saisie à l'avénement, s'est laissée égarer et méconnaît toute barrière, toute borne.

Ceux-ci dont l'intelligence étonnée du coup, se courbe sous le poids des circonstances, ne s'élève point à leur hauteur.

Ne parlons que de ces derniers.

Quant à l'établissement des principes, ils adoptent ; quant au développement des conséquences, ils récusent.

Leur volonté est passive et non active : la fin satisfait ; les moyens répugnent.

Il y a pour eux, comme deux mondes, l'idéal, le réel ; que sépare un abîme sans fonds, sur lequel il n'est pas même jeté une planche.

Une telle aberration est surtout marquante, à l'égard de l'économie politique, attendu que la crasse routine a pour allié, le cupide égoïsme.

Ainsi, certaines gens ne proclament que liberté, égalité, souveraineté, et professent opulence, industrie, crédit.

C'est que l'entente est aux diseurs : c'est qu'on donne à chaque mot, tel sens qui plaît.

On se fait fort d'arrêter, d'enchaîner le mouvement de la révolution politique ; justement à ce terme où le mécanisme économique n'est pas encore froissé, brisé.

Folles idées ! le point d'arrêt, pour ceux qui sont en tête, est le point de départ pour ceux qui sont à la queue.

Qu'on aille donc chercher dans les limbes, une liberté qui paie, une égalité qui serve, une souveraineté qui tienne.

Alors que toute autorité a disparu, la raison seule est en voix, en force ; seule, elle se fait entendre, obéir.

Et les peuples ne sont encore aptes à la raison, que sous les limites les plus étroites, les plus incertaines.

Si les facultés débiles manquent d'être ménagées, les volontés toute-puissantes vont résister.

Qui exige trop, n'obtient rien.

Il faut que le système politique, le système économique gardent le niveau, marchent de front.

Il n'y a point de révolution à venir, de ceux qui nient le principe, mais de ceux qui renient les conséquences.

Comme les conséquences dérivent du principe, d'autant celui-ci est nouveau et différent, d'autant celles-là sont neuves et diverses.

Leur étrangeté même, non sans choquer les vues faibles et courtes, pour les esprits de longue et haute portée, vient en preuve de leur vérité.

Dans l'ordre existant, quatre points capitaux sont à considérer.

L'épargne, le crédit, le travail, le nécessaire.

Sauf à l'égard du clergé, de la justice et des régies, l'épargne doit être opérée, depuis le faîte jusqu'aux extrémités.

Au lieu d'une poursuite vaine et coûteuse, le crédit doit être laissé à son cours naturel.

A l'encontre du monopole des manufactures, la petite fabrique doit être ranimée, entretenue.

En vue de l'humanité, la médiocrité doit être soulagée et la pauvreté libérée d'impôt.

Les voix de la prudence et de la justice n'ont qu'une parole.

L'épargne est obligatoire, indispensable.

Le luxe, le faste, n'ont qu'une influence relative, n'ont pas une vertu absolue.

Encore, le faste pouvait s'allier au prestige, devait charmer l'amour et le dévouement.

Mais, pour un trône dénué de toute illusion, à travers un entourage éclatant, sa nudité serait d'autant plus frappante.

La popularité est appelée à remplacer la dignité.

Quant à la liste civile, quinze millions semblent suffire, y compris les domaines de la couronne, en addition à la fortune personnelle.

Seulement il y aurait à créer un fonds spécial pour le service des pensions et des secours assis sur l'ancienne liste.

On obtiendrait ainsi une épargne de vingt millions.

Or, les membres et agens du gouvernement sont soumis à la même loi, sont réduits à la même arme de la popularité.

Les appointemens des ministres et des préfets doivent être diminués de moitié.

Les profits des receveurs généraux peuvent être abaissés au tiers, et des receveurs particuliers, aux deux tiers.

Tout est dit en un mot.

Pour chaque préfecture, il y a dix et vingt candidats ; pour un grand nombre de recettes, la besogne est faite par un commis.

On ne parle pas des sous-préfets qui n'ont pas trop, des juges qui n'ont pas assez, des curés qui n'auront jamais ni trop ni assez.

On parle moins encore des chefs et agens des régies bursales ; car leur solde est prélevée sur les rentrées; et la lésinerie ferait perdre le quintuple, le décuple.

L'économie monterait de cinq à six millions.

Maintenant par l'abolition de la garde royale, il y a une épargne à peu près égale.

Et l'état-major devant être limité aux besoins réels, laissera peut-être de deux à trois millions.

Puis l'armée va être organisée, au moins en partie, à la façon du landwehr d'Allemagne, ou suivant le mode de la garde nationale mobile.

Sans toucher aux appointemens des généraux et officiers, on gagnera successivement vingt, quarante, soixante millions.

En outre, qu'au premier moment propice, l'État aura à se libérer du paiement des pensions, au moyen d'une négociation en longues annuités comme en Angleterre.

Enfin, un rayon de lumière jusqu'à cette heure étouffé sous la fumée des bureaux, viendra peut-être à poindre au-dehors.

Il apparaîtra alors que la marine sert surtout

aux colonies , comme les colonies servent surtout à la marine.

Véritable cercle vicieux dont les deux termes
réagissant l'un sur l'autre , doivent être analysés
à part , être réduits au nécessaire absolu.

Qu'on émancipe peu à peu les colonies.

Qu'on revienne peu à peu de la vieille préten-
tion de disputer l'empire des mers.

Au point marqué par la raison, il y aura
épargne de trente millions sur les colonies, de
trente millions sur la marine.

Dès le premier pas, en rapprochant d'un tiers
la taxe et la surtaxe des sucres, l'économie est de
dix millions; en réglant à propos le service de la
marine , elle est peut-être de quinze millions.

Total des épargnes présentes.

Liste civile.	20 millions.
Administration.	5
Garde royale.	5
Armée	25
Colonies.	10
Marine	15

80 millions.

Le crédit est inutile, est impossible.

La souveraineté du peuple étant érigée en

système, son principe se refuse aux moyens, ses conséquences repoussent les besoins.

Le sol est trop mouvant : le crédit n'y prend pas racine.

Un peuple défait et refait son roi, sa loi ; qu'est-ce, auprès de telles révolutions, que la faillite ?

Une société est poussée de plus en plus à l'anarchie, est jetée de jour à autre dans la guerre. Comment avec des recettes plus faibles, couvrir des dépenses plus fortes ?

La puissance appartient à l'opinion. Elle peut ce qu'elle veut, et dès-lors ne veut pas ce qu'elle doit.

C'est l'indépendance sauvage, farouche, qui n'est contenue par aucun frein, réprimée par aucune crainte.

Et en France l'indépendance est à la merci de l'ignorance, de l'insouciance.

Sauf à Paris, qui donc est en état de concevoir le crédit, est en goût d'y sacrifier le bien-être ?

En retour, la souveraineté se passe d'argent, étant bardée de fer. Elle ne mendie pas des écus, étant prodigue d'hommes.

Des masses immenses, des mouvemens impétueux ne se plient pas à la tactique des manœuvres, ne requièrent point l'ordonnance des magasins.

On vit de dévastations dans la guerre offensive, et de réquisitions dans la guerre défensive.

L'exemple en a été donné sous la république, sous l'empire héritier de ses œuvres.

A vrai dire, le crédit ne se montre utile et possible que dans la vue des travaux publics.

Là, ce n'est plus un placement à fonds perdu, mais un emploi à profits progressifs.

L'emprunt apporte des bénéfices à la richesse publique, au lieu de lui imposer des sacrifices.

Comme aussi, le capital des valeurs créées à son aide, offre aux prêteurs des bases solides, des gages certains.

Sans dire que l'œuvre patente parle aux sens, et inspire la loyauté, en même temps qu'elle excite les espérances.

Un fonds mort est délaissé: un capital survivant est entretenu.

En tout cas, on ne fait pas du crédit : le crédit se fait de lui-même.

Qu'on couvre d'or ce tapis, le jeu accourera. Qu'on affermisse les pieds de la table, le crédit surviendra.

Depuis quatorze ans, il a été jeté plus d'un milliard aux pieds de l'idole ; et le souffle d'une révolution l'a emporté loin de l'autel.

Le crédit tient à deux conditions : l'ordre public, la richesse publique. Il ne s'aliène que sous cette double garantie, qu'on veut, qu'on peut payer.

Or, le désordre ne veut ; le dénuement ne peut.

Maintenant les offrandes se sont évanouies, et les ressources ont été appauvries.

Au retour du calme, on ne retrouvera pas celles-là, on ne rétablira celles-ci qu'avec le temps.

Le milliard échangé contre cinquante millions de rentes se serait transformé aux mains des contribuables, en deux milliards portant au moins cent-vingt millions de profit annuel.

L'Etat aurait à fournir une sécurité plus que double pour les emprunts; ou au lieu d'emprunter, il aurait à imposer dans cette même proportion.

Il faut dire mieux.

Ici bas, tout est vicissitude. Il y a, dans ce qui est, une raison suffisante pour que cela ne soit plus.

Le crédit s'était élevé à son apogée, non sans que le cours eût été hâté hors de propos, accéléré outre mesure.

Au point culminant de l'ascension, réside le principe de tendance en déclinaison.

Le char s'arrête, incapable de s'élever davantage : au premier mouvement, il recule.

La spéculation déroutée se retire : la mode se retourne dans un autre sens.

Il ne reste dans la rente, que des fonds de placement et des fonds de passage.

Le cours y gagne d'être plus ferme, y perd d'être moins haut.

Qu'on délaisse donc le crédit qui s'enfuit : qu'on s'attache au sol qui demeure.

Cinquante ou soixante millions sont bons à semer, ou plutôt à laisser germer dans le champ de la production.

Ils rapporteront, ils créeront des valeurs, à raison de 6, 8 et 10 pour cent.

Et ces valeurs en enfanteront de nouvelles, dont la récolte s'offrira en tout temps aux besoins éventuels de l'Etat.

On chicane, on lésine, à tort et à travers : on se refuse à l'épargne la plus capitale, la plus profitable.

Le travail s'est saisi du sol, l'a couvert de fruits: il a fallu des coutumes, des lois, pour que ses avances ne fussent pas perdues.

La semence est jetée en vue de la récolte : le travail a fourni la semence ; la société a garanti la récolte.

Autrement les liens de famille se seraient rompus alors que l'enfant devenait homme.

Autrement les principes de religion ne se seraient pas établis, entre des sauvages épars dans les bois.

La société a donc été instituée par le travail, est donc fondée sur le travail.

La société, le travail marchent ensemble, et avancent ou reculent de même dans la carrière du perfectionnement.

C'est-à-dire que l'ordre politique, l'ordre économique sont enchaînés.

L'homme a créé le travail; le travail a créé la société.

D'où, le travail doit être considéré en vue de l'homme ; et la société doit être considérée en vue du travail.

Ce qui revient à ceci, que par l'intermédiaire du travail, la société est tenue à servir l'homme.

L'homme est le but, la fin. La société est seulement le mode, le moyen.

Dans l'origine, le travail n'avait d'autre emploi que de nourrir la population.

De nos temps, il a, en outre, l'emploi de créer la production.

Les fruits du travail étaient absorbés par l'être même : et ils sont partagés avec des étrangers.

Or, l'emploi primitif est le plus sacré, le seul inviolable.

Soit que l'homme travaille pour lui seul, ou pour d'autres que lui, son être propre a un droit suprême à l'entretien.

Voilà ce qui est méconnu, méprisé, plutôt par erreur que par calcul.

Les sens sont éblouis au brillant aspect : l'esprit s'aveugle sur les plaies secrètes.

On n'aspire qu'à souffler, qu'à enfler la production, sans craindre que la population pâtisse, languisse.

Et l'une, après tant de faveurs, est écrasée par la surabondance ; tandis que l'autre, sous tant de rigueurs, est affaiblie par le dénûment.

L'intérêt est trahi dans un sens, comme le devoir l'est dans l'autre.

Cependant, l'effet des mécaniques, des machines à vapeur, tend à augmenter la masse de l'œuvre, à diminuer la somme de travail.

Rien de mieux, si la consommation s'accroissait, ou si la population se réduisait, en même proportion.

Rien de pis, si le contraire arrive : car les existences en souffrent d'abord, et les fabriques ensuite.

De là, pendant la paix, les machines devraient être soumises à un impôt de l'ordre restrictif.

Ainsi que les droits de douane, cet impôt tendrait à prévenir l'encombrement, la vilité.

Delà, durant les crises, des mesures de l'ordre prohibitif devraient leur être imposées.

Mieux que les ateliers ouverts, que les secours répandus, que les forces déployées à grands frais, ces mesures empêcheraient les troubles, en fournissant du travail, du pain.

Généralement, toutes les sources naturelles de travail ont à être ouvertes au large, en plein.

D'autant que la population est en hausse de nombre, d'autant il faut peu tenir à ce que la production soit en baisse de prix : car le gain du consommateur est trop inférieur, au dommage du travailleur.

Au sujet des procédés de fabrication, il faut fa-

voriser celui qui emploie la plus grande quantité de travail.

Ce principe est applicable aux matières premières provenant du dehors.

Le travail n'est commandé par elles, que sous
les rapports minimes du commerce de mer.

Le travail approprié à leur culture, à leur première façon, serait décuple peut-être.

La betterave, les laines et les lins se présentent ici.

La culture de la racine à sucre, est neuve d'origine, est difficile en pratique, est encore incertaine
du succès.

Tout milite dans le même sens : tout engage à
tenter.

Même, il y a cela, que l'Etat y gagne en éle-
vant le droit sur les sucres, en rapprochant la
taxe de la surtaxe.

Quant au point d'arrêt, il n'en existe pas, sous le
rapport de la contrebande; pour peu qu'on fortifie
la ligne et le régime des douanes, par l'emploi d'un
dixième, d'un cinquième des rentrées excédantes.

Sous le rapport de la consommation, il n'en est
pas non plus, tant que des objets plus précieux
sont soustraits par l'impôt, aux besoins de la population, de la production.

On est trompé par l'exemple de l'Angleterre, où
le sucre est de haute nécessité, où le commerce
est de grande importance, où la betterave n'a pas
pris racine.

La question des laines et des lins est aussi simple.

Déja, le produit du sol porte un titre ineffable à la protection.

Puis, les premières façons de ces matières fournissent un travail immense à l'usage des campagnes.

Enfin, quant aux tissus grossiers, la dernière main d'œuvre, s'achève au sein même des ménages.

L'aisance de la famille, l'habitude du travail, la fertilité de la terre, l'élévation des baux, tous ces biens en découlent.

Qu'on réponde seulement ?

Est-ce le métier de l'Etat, que de ravir de l'emploi aux bras, de l'engrais au sol, de la population aux champs ?

Est-ce son métier que d'immoler la petite fabrique aux pieds de la haute industrie, que d'entasser dans les villes, une peuplade d'abord esclave, bientôt rebelle.

Les temps parlent haut, à cet égard.

Or, en portant le droit sur les cotons à moitié, ou même, au pair de leur valeur brute, il s'ensuivrait, ou que les choses rentreraient dans l'ordre naturel, ou que les recettes s'accroîtraient de 20, 30, 40, 50 millions.

Le sort déciderait entre deux chances prospères, disposé ce semble, à s'arrêter au moyen terme.

Qu'on ne laisse pas vivre les enfans ! ou qu'on donne à vivre aux hommes.

L'innocence sent à peine le coup fatal, au lieu que la souffrance quotidienne équivaut à mille morts.

Le travail est le pourvoyeur de la vie.

La fourniture du travail est à la fois le premier devoir, le premier intérêt de la société.

Quant au devoir, on ne sait à qui parler pour se faire entendre ; ni dans les temps de calme où règne la routine, ni pendant les crises où s'agite le vertige.

Quant à l'intérêt, c'est au moyen du travail que la société acquiert la richesse et conserve la sécurité.

A ce sujet, la science n'est pas sortie de l'enfance : l'esprit ne s'ouvre pas aux leçons de l'expérience.

Malthus seul a connu le péril : Sismondi seul a tonné contre l'iniquité.

L'inconséquence est d'autant plus frappante dans l'ordre actuel des choses.

Chacun est libre : tous sont égaux. Même la souveraineté réside dans chacun, entre tous.

En outre, l'autorité morale n'est plus, et la force matérielle n'est pas encore.

Ainsi les espoirs sont enflés ; les risques sont enlevés.

C'est chose naturelle, sans doute, que l'homme aspire à être pourvu de travail pour gagner sa vie, ou s'efforce, si le travail lui manque, à la gagner autrement.

Afin d'éviter les suites les plus funestes, il importe que le travail soit en progrès, autant que la population est en avance.

D'abord on doit mettre arrêt au développement des modes de fabrique, qui ont pour but de réduire la somme du travail.

Puis on doit mettre obstacle à l'introduction des matières, dont l'effet est de priver le pays d'une main-d'œuvre.

Sous le premier rapport, les villes s'émeuvent déjà, s'emporteront enfin; d'autant que par d'autres causes, la consommation se trouve resserrée.

La question est posée ainsi :

Politiquement, vaut-il mieux que les mécaniques se ralentissent, ou que des troubles surviennent?

Moralement, vaut-il mieux que le calicot fléchisse de prix, ou que l'ouvrier reste sans emploi ?

Sous le second rapport, les campagnes souffrent seules ; et en même temps le péril est moins probable, le dommage est moins réparable.

Il se peut que la surtaxe des cotons, des sucres influe faiblement sur la production indigène.

Mais le but serait de même rempli, au moyen de l'application des rentrées excédantes, à l'allègement de certains impôts.

Il existe des taxes qui tendent à affaiblir le ressort ou à rétrécir la sphère du travail.

Et le travail ayant la mission privilégiée de pourvoir à la vie, la première loi de l'impôt est de le ménager, de le protéger.

Telle est la règle qui doit présider à l'appréciation des diverses taxes.

Aucune n'est exempte de causer de la gêne, de jeter des risques, et surtout de provoquer les plaintes, les reproches.

« Si on les écoutait tous, disait un général en « parcourant le champ de bataille, il n'y en au- « rait pas un de mort. »

Les cris n'importent en rien.

Bien qu'ils éclatent d'un ton plus haut, sous le régime de liberté, comme aussi ils éclatent de tous les points, c'est alors surtout qu'il est recommandé de les dédaigner.

Tout impôt est jugé, en ce qu'il affecte plus ou moins, ou n'affecte point du tout la puissance, l'exercice du travail.

Le travail nourrit l'homme, enfante les valeurs, en sorte que dans la proportion où il est affecté, l'homme pâtit, les valeurs s'évanouissent.

L'impôt, au lieu d'opérer un prélèvement sur le revenu, un resserrement dans la dépense, détermine l'avortement de l'œuvre prête à éclore.

Il agit en sens contraire de l'intérêt composé qui vient s'ajouter au capital : il attente au capital même, et anéantit les profits renaissans.

A dire juste, l'impôt est étouffant.

Tant qu'il en existera de cette sorte, nul autre impôt n'offre des motifs pour l'abolir, l'atténuer.

Ou plutôt, c'est seulement à ce titre qu'un impôt quelconque porte des droits à être restreint, à être retiré.

Cependant, il arrive parfois qu'un impôt fortifie quelque branche féconde de travail, ou, ce qui revient au même, qu'il détruise une branche stérile.

Le premier cas se rencontrerait dans la surtaxe des sucres et des cotons.

Le second cas se montre dans le système bursal des tabacs, à défaut duquel, une culture surabondante absorberait en vain un immense labeur.

D'autres fois, l'impôt n'influe ni en plus ni en moins sur la quantité de travail, comme dans les droits de mutation.

Enfin, à l'égard des vins, l'impôt agit sous le double caractère, d'accroître un travail utile, et de réduire un travail oiseux; sans entraver la marche ascendante de la production.

En effet, depuis quarante ans, la culture s'est étendue d'un tiers, la récolte s'est élevée au double : l'une et l'autre, au-dessus des mouvemens respectifs de la population et de la consommation.

C'est l'impôt même qui a décidé le paysan à se créer un vignoble de famille; fournissant ainsi

une matière au travail, une jouissance à la vie.
(*Mémoire des délégués.*)

C'est l'impôt seul qui s'oppose à l'extension illimitée des cabarets, où déjàse consument en pure
perte, les facultés de travail de six cent mille
individus, à raison de deux par maison.

Quant à cet impôt, deux points frappent : la
nécessité absolue, la difficulté temporaire, celle-là
qui commande, celle-ci qui est à surmonter.

Or, le droit à la production serait praticable, en
se bornant à exiger des déclarations, dont une
seule sur dix serait vérifiée ; en accordant de
longs termes de paiement, avec escompte en cas
d'avances, avec intérêts progressifs à raison des
retards.

En quoi ceci est à peser, qu'un droit relatif au
prix, de dix sous à trois francs par hectolitre, n'ex-
citerait pas à courir les risques de la saisie ; et que
la remise des amendes aux préposés, les animerait
à la recherche, les aiderait à obtenir des rensei-
gnemens.

Dans les taxes de consommation, l'exercice
sur une classe isolée, serait plus facile que la perception de l'octroi, en face des peuplades pro-
ductrice et consommatrice.

L'abonnement ne soumettrait les débitans
aux chances du sort, que d'après leur volonté,
n'exposerait l'État qu'à des non-valeurs tempo-
raires.

Puis, entre ces deux modes, se présente la

mise à l'enchère du droit de débit, par commune, ainsi qu'il est fait pour l'octroi.

Seulement, la licence des marchands en gros devrait être augmentée, afin de niveler d'autant la répartition de l'impôt : comme aussi le tarif de l'octroi devrait être établi en proportion de la valeur des différens crûs.

Mais, toutes les difficultés seraient levées, au moyen de l'établissement de la commune, ou de la mise en société, des habitans de chaque ville.

La cité enfin fondée, érigée en pouvoir, aviserait au mieux ; et donnerait la loi selon la justice, donnerait la force à la loi.

Qu'on y songe : sans la puissance ou l'opinion, sans le sabre ou le vote, point d'Etat.

C'est l'ère de vertige.

L'homme n'est plus que cerveau.

Le cœur est remonté dans la tête ; le sentiment est étouffé sous l'idée.

De toute part, domine quelque système abstrait et par conséquent exclusif, hostile.

Entre tous les systèmes, il y a lutte à outrance ; en chaque système, il n'est fait nul état de la ruine, de la perte des existences.

Formée dans l'isolement, et comprimée par la résistance, l'idée est rétrécie, s'est resserrée sur elle-même.

Elle se trouve à la fois impénétrable, inexpansive.

Rien n'en rend mieux l'image, que cette sorte de concrétions pierreuses, que ces calculs qui s'engendrent dans l'intérieur des organes.

Ici et là, s'il n'y a moyen d'amollir ou de broyer, il ne reste qu'à extirper, qu'à exterminer.

Sous le rapport politique, pour sauver enfin la société, des ravages, des massacres interminables, on sera contraint d'invoquer l'avènement d'un sceptre d'airain.

Sous le rapport économique, l'état de délire, de folie, est déplorable aussi.

Voyez les amis de la religion, les sujets de la légitimité, les cliens de la liberté et de l'égalité.

Devers ces fins louables en elles-mêmes, les uns et les autres marchent tête baissée, et s'égarent, s'emportent à l'envi.

Encore leurs fins sont conciliables en un point : encore leurs voies se rallieraient sur une certaine ligne.

Et ce point, cette ligne, c'est l'humanité qui le marque, qui la trace.

L'humanité offre aux hommes, un lien mutuel, un but commun.

De même la religion, la légitimité, ou en fait un devoir, ou s'en fait une loi.

De même la liberté, l'égalité en surgissent, y aboutissent.

Eh bien ! l'humanité est tenue en mépris, ou du moins est laissée en oubli, d'un bord comme de l'autre.

Personne ne songe à analyser les élémens sensibles de la société, à apprécier l'état des neuf dixièmes de la population.

Personne n'est affecté à l'aspect du manque des nécessités de la vie, n'est dominé dans ses plans par le vœu fervent d'y porter remède.

En un sens, la religion a le droit, et la légitimité a le moyen de se mettre au-dessus de ces considérations si capitales qu'elles soient.

Mais, sous le régime de liberté et d'égalité, au même degré, c'est un crime, c'est une faute de les méconnaître.

On proclame les droits politiques, dont à peine un être sur cent est en titre, en état, en goût de faire usage.

On ne garantit pas les droits sociaux, auxquels une immense majorité porte un prix ineffable.

Là, il y a voter; ici, il y a à exister. La boule est remise en quelques mains; la vie est compromise pour le plus grand nombre.

Ainsi se montrent en France, Sparte avec ses ilotes et Rome avec ses esclaves; les Russes avec leurs serfs et les colons avec leurs nègres.

Il n'y a dissemblance que dans le mode; il y a parité dans les résultats.

Toujours telle caste, appelée par le sort à jouir, travaille à accroître ses jouissances, au prix des souffrances de telle classe, de même appelée à souffrir.

Voilà le crime : voici la faute.

Les ilotes, les serfs respirent aussi l'air de l'égalité, ressentent aussi les élans de la liberté.

Et ils pèsent leur force ; ils comptent leur nombre.

L'histoire dit ce qui s'en est ensuivi jadis : Elle ne dit pas ce qui s'ensuivra désormais ; car le siècle ouvre une ère encore inouie.

Certes, il y a beaucoup à faire ; mais avec le temps, et à propos.

Sur cette terre brûlée et broyée en poussière, quelque douce pluie est douée de la pénétrer, de la fertiliser ; au lieu qu'un orage violent la dévaste, la déchire en torrens.

Quant à la classe industrielle, il n'est moyen de lui rendre des mœurs, de lui prêter du sens, de la rallier à l'ordre public, qu'en restreignant l'emploi des mécaniques, qu'en protégeant le retour de la petite fabrique.

Il a été dit comment l'impôt était propre à y pourvoir.

Quant à la classe agricole dont les vices et les risques sont fort inférieurs, il est urgent de porter l'instruction aux esprits, d'aider à l'amélioration des terres.

C'est à la prudence, à la patience que cette tâche est recommandée.

Pour l'une et pour l'autre, un seul point, un

point commun sollicite dès à présent l'attention.

En attendant que l'avenir les amène à un certain degré d'aisance, il faut éviter de les en-
foncer de plus en plus dans l'abîme du dénuement.

Si on ne peut les aider à vivre, au moins
on doit les laisser vivre.

En un mot, l'impôt est tenu à épargner le
nécessaire de la vie.

Où il n'y a rien, le roi perd ses droits: disait
un vieil adage.

Où il n'y a que de quoi exister, il n'y a rien ;
car il faut être, avant d'avoir.

Chose étrange.

En tout lieu, de tout temps, le nécessaire est
entamé par l'impôt : et pourtant personne n'a
voulu ni ne veut y attenter.

Maintenant cela est, parce que cela était.

La routine sanctionne : ni l'intelligence, ni la
conscience n'auraient proposé.

Jadis cela fut, soit par un acte de la force
ignare et barbare, soit à défaut de tout autre
mode possible.

Souvent même ce qui était, bien qu'analogue
dans la forme, se trouvait peu fâcheux auprès de
ce qui est.

Par exemple, tant que la petite propriété exis-
tait à peine, la contribution foncière ne mena-
çait pas de dîmer sur le fond de l'existence.

Tant que le sol restait généralement cultivé à titre de bail, l'impôt du sel étant compensé dans le prix, ne desséchait pas les sources de la vie.

La routine qui maintient, est plus barbare en fait d'humanité, est plus ignare en fait d'économie publique, que la force qui fonda.

Par malheur, la routine est soutenue, est défendue par son alliée naturelle, la lâcheté.

Sauf qu'on fasse des épargnes, un impôt à abolir, nécessite un impôt à établir.

Et le gouvernement qui se laisse enlever par la voie de l'insurrection, le meilleur des impôts, n'osera jamais en proposer un autre, dût-il être meilleur.

Que dire à cela? Sinon qu'il faut changer le gouvernement ou les gouvernans.

Mais c'est peu que la force l'emporte sur la justice: l'habitude blase à cet égard. Qui donc viendrait à s'en apercevoir?

Tremblez encore, tremblez davantage.

S'il arrive que la force l'emporte en tant qu'elle fait peur, au premier jour quelqu'autre force se montrera et l'emportera aussi, tant qu'elle fera peur.

Puis, les forces sociales se lèveront toutes, lutteront ensemble, vaincront tour-à-tour, non sans détruire la société, chemin faisant.

Arrière donc la routine, arrière même la lâcheté.

La question se résout vite, en la posant bien.

Voilà que l'état actuel des choses existe , et qu'aucun impôt n'est en vigueur.

Cela peut se demander de même au premier ministre , au dernier commis : quels impôts mettrez-vous?

Et ne tenez compte ni d'équité ni d'humanité ; ne portez en ligne ni la liberté , ni l'égalité. Songez seulement à la force , à la richesse sociales.

Or, au titre de souteneur de la force , on respectera le nécessaire.

Au titre de fournisseur de la richesse , on libérera le travail.

On n'admettra aucun impôt qui attente à la vie de l'homme , qui entrave les mouvemens de l'homme.

Bien plutôt, on reviendra à deux et trois fois, sur le revenu, dont les brêches n'atténuent qu'indirectement la quantité d'emploi.

Plutôt aussi, on prendra sur le capital en écus, qui, après tout, est un fonds moins actif, moins productif que le fond de l'existence, que le capital en travail.

Et le besoin venant, on s'élèvera jusqu'à l'impôt progressif; à propos de quoi, quelque manie excitée par l'égoïsme, a entassé les raisonnemens, étouffant sous leur poids, la raison même.

RÉSUMÉ.

Accepter, achever, arrêter la révolution ;
Accomplir ses conséquences nécessaires ;
Chercher la force dans l'opinion ;
Porter à l'opinion, des lumières ;
Mettre en face, en lutte, les opinions ;
Armer l'opinion générale contre l'opinion partielle.
Maintenir l'égalité entre tous ;
Garantir la liberté à chacun ;
Reconnaître la liberté à titre de règle ;
Instituer la loi sous forme d'exception.
Asseoir le trône sur la puissance du fait ;
Légitimer le prince, à l'aide de la justice ;
Asservir le pouvoir à la loi de l'humanité ;
Refréner le libéralisme en politique ;
Etendre la libéralité dans l'économie.

Fonder la concurrence effective des journaux ;
Retirer le droit de timbre ;
Réduire le droit de poste suivant le format ;
Abaisser le cautionnement à moitié.
Abroger la prison et aggraver les amendes ;
Soumettre au jury, l'esprit du journal ;
Poursuivre à raison des faits faux ;
Prendre à partie, les auteurs des articles ;

Abolir les conditions d'éligibilité ;
Rendre le cens relatif pour les électeurs ;
Régler leur nombre à raison d'un sur cent ;
Exiger trois années de patente ;
Donner le droit d'élire, aux membres du jury ;
Faire nommer à la pluralité rélative ;
Tenir un registre ouvert pendant huit jours ;

Organiser des communes, des provinces ;
Éduquer, occuper les hommes de marque ;
Élever une force en balance de Paris ;
Etablir des bases larges pour l'élection ;
Conférer des attributions étendues ;
Traiter quant à la perception des impôts ;
Confier la régie des routes, des prisons, etc. ;
Instituer un ordre hiérarchique de conseils ;
Dispenser de l'autorisation du gouvernement.

Libérer la religion catholique ;
Laisser communiquer avec le pape ;
Laisser former des synodes, des conciles ;
Laisser élire les évêques ;
Laisser disposer des églises et décider des
prières.
Assurer la liberté entière d'enseignement ;
Réduire l'université aux facultés ;
Déterminer un mode de surveillance ;
Réserver le droit d'examen pour les grades ;
Créer des collèges à l'instar de l'Angleterre.

ÉPARGNES.

Gouvernement..................	25 millions.
Armée.......................	30
Marine......................	15
Colonies....................	10
Amortissement...............	50

130 millions.

SUBSIDES.

Taxe sur les mécaniques..........	10 millions.
Licences pour divers états........	10
Surtaxe des cotons...............	20
Surtaxe des denrées du tropique...	10
Droits de barrière...............	15
Droits d'entrée.................	10
Droits de mutation gratuite.......	15
Portes et fenêtres...............	5
Impôt mobilier..................	20
Impôt foncier..................	25

140 millions.

DÉCHARGES.

Fonds de dégrèvement pour le fon-
cier....................................... 15 millions.
Limitation de l'impôt mobilier.... 10
Limitation des portes et fenêtres... 5
Adoucissement des tarifs fixes.... 5
Droit de circulation des boissons.... 9
Fabrication des bières communes.. 3
Réduction du droit de détail dans
les campagnes....................... 8
Réduction des droits d'entrée sur
les petits vins et les cidres...... 10
Abolition de l'impôt du sel (net). 55
                                      ─────
                                      120 millions.

DÉPENSES.

Solde et retraites de l'armée...... 10 millions.
Places fortes et matériel......... 10
Routes et canaux................. 20
Hôpitaux et prisons............. 10
Amélioration de l'agriculture..... 5
Instruction des campagnes........ 5
Honoraires de la justice et du bas
clergé............................. 5
                                      ─────
                                      65 millions.

A l'égard des impôts possibles à établir, et des impôts nécessaires à réduire ou à retirer, les motifs déterminans ont été exposés ailleurs, et sont résumés dans *la loi économique.*

Comme la misère constante et même la douteuse aisance sont dégrevées d'une part, et ne sont point grevées de l'autre, il s'ensuivrait pour chaque famille, un mieux-être de vingt, trente et quarante francs.

Or, sur deux millions d'hectares en vignobles, deux millions de propriétaires qui cultivent, l'un dans l'autre, un demi-hectare au plus, ne vendent guère de vin, ou le vendent en exemption des droits.

Pour cette masse, le bénéfice d'une telle remise d'impôts est net et clair; au lieu que le profit de l'abolition des droits sur les vins, serait le plus souvent nul, et jamais ne serait équivalent.

Ainsi dans le choix à faire entre les deux systèmes, les prétentions d'environ deux cent mille propriétaires qui jouissent, par terme moyen, de cinq hectares au moins, militent seulement en faveur de l'abolition.

La question se borne à savoir, s'il convient de nuire à deux millions de vignicoles, pour complaire à deux cent mille, qui même y gagneraient à peine.

P. S. Cet écrit était sous presse, avant le changement du ministère.

FIN